OBSERVATIONS SUR LE RAPPORT

ATTRIBUÉ

A M. LE DUC D'OTRANTE,

PAR M. A. L. R......

À PARIS,

CHEZ WARÉE ONCLE, Libraire, au Palais de Justice ;
DELAUNAY, Libraire, au Palais-Royal, galerie de Bois.

1815.

OBSERVATIONS
SUR LE RAPPORT
ATTRIBUÉ
A M. LE DUC D'OTRANTE.

Il vient de circuler (fin d'août 1815) des copies, à la main, d'un Rapport qu'on prétend avoir été fait au Roi par l'un de ses Ministres, sur la situation intérieure du royaume.

Ce Rapport, assez volumineux, contient des données plus ou moins certaines sur l'opinion publique, et sur les dangers auxquels nous sommes exposés par le choc des opinions, des partis et des factions, par la présence des étrangers sur notre territoire, par les exactions et les déprédations qu'ils commettent dans nos départemens, et par l'inquiétude où ils nous laissent sur leurs prétentions ; il renferme la censure de presque tout ce qui s'est fait depuis la restauration, et l'expression du mécontentement à peu près général qu'ont excité, s'il faut l'en croire, les actes du Gouvernement. Le Rapport se termine par un léger aperçu des moyens qu'il faudroit employer, pour échapper aux dangers imminens dont nous menace l'esprit d'agitation, qui s'étend sur presque toute la France. Tout cela est délayé dans une telle quantité de phrases révolutionnaires, qu'il faudroit l'avoir lu plusieurs fois, ou même l'avoir sous les yeux, pour en faire un résumé exact, et pouvoir y répondre avec détail. Je me bornerai donc à quelques observations sur les passages qui m'ont particulièrement frappé, et que je crois avoir le mieux retenus : c'est dire que je m'attacherai plus à l'esprit qu'à la lettre, plus à l'ensemble qu'aux détails de cet astucieux Mémoire.

Pour donner à cet écrit le caractère ministériel, on a senti qu'il falloit conserver à un ministre de Buonaparte les formes et le fond révolutionnaires, et l'esprit de charlatanisme qui ont caractérisé l'usurpateur et ses agens. Cet esprit se distingue facilement dans ce qu'il dit de l'opinion publique : on y reconnoît l'homme habitué à la discerner, à la priser et à la calculer avec une admirable précision. Après avoir évalué l'opinion générale des grandes sections du royaume, il évalue celle de plusieurs départemens en particulier, la divise par demi, par tiers, par quart, cinquième, dixième, etc.; il la résume jusque dans ses fluctuations, et montre, tantôt d'un côté, tantôt de l'autre, une immense majorité. Au premier avènement du Roi, cette immense majorité lui étoit favorable; mais à son retour, soit qu'il se fût entouré d'abord de personnes qui n'ont pas su se concilier, comme lui, l'affection publique, soit que l'on ait pu craindre le rétablissement d'une autorité absolue, et de tout ce que la révolution avoit si heureusement détruit, soit enfin que le Roi ait été réduit, par la force des choses, à reparoître au milieu des étrangers, dont les violences font bien gémir son cœur, mais n'en pèsent pas moins sur la France de la manière la plus déplorable; à son retour enfin, le Ministre est forcé de l'avouer, avec douleur, l'immense majorité, la presque totalité des François s'est montrée contraire au Gouvernement royal. Cet aveu pénible, le Ministre est entraîné à le faire à tout propos, et toujours, on le sent bien, avec une douleur plus vive : c'est la conclusion de toutes les parties de son discours.

Il y a sans doute de la présomption à vouloir lutter contre un Ministre habile, sur un pareil sujet; mais n'y a-t-il pas aussi un peu d'audace, après les erreurs si multipliées qu'on a faites sur l'appréciation de l'opinion publique; après le tripot scandaleux que tous les partis en ont fait successivement ; après les manœuvres infâmes à l'aide desquelles on a interverti, si souvent et si impudemment, l'expression de la volonté générale ; après les intrigues qui nous ont donné cette multitude de représentans, indignes artisans de tous nos maux ; lorsque l'on est parvenu au point de persuader au peuple que des Barrère, des Merlin, des Regnault, des Méhée, des Carnot, etc. etc. étoient des hommes de son choix ; lorsque l'on est allé jusqu'à tromper ce peuple sur son vœu par des votes individuels, par des adhésions, des signatures, des champs de mai, etc. ; n'y a-t-il pas beaucoup d'audace à ceux même qui se sont ainsi joués de l'opinion publique, à venir encore l'établir d'une manière aussi positive ? N'est-il pas visible que cette opinion, prétendue générale, n'est au fond que celle du Ministre et de ses agens, qui, pris dans son parti, ne voyent que par ses yeux ? Nous aurons occasion de relever quelques-uns de ces aperçus ; bornons-nous, pour le moment, à faire observer que, par une finesse qui n'est pas adroite, mais à laquelle on a été forcé, on a mis la capitale hors de ligne sous le rapport de l'opinion : cependant c'est à Paris que se trouvoient placés les principaux ressorts de la grande machine impériale ; là sont fixés tous ces grands personnages qui avoient les premières parts à tous les genres de déprédation ; là sont réunies leurs familles ; là se rassemblent, quoiqu'on puisse faire, cette quantité de généraux, d'officiers supérieurs en activité, ou de rechange, dont nos armées étoient si abondamment pourvues ; là se trouvent les gros faiseurs en fournitures, en acquisition de domaines nationaux, et en toute espèce d'entreprises libérales ; là pullule enfin cette multitude de gens qui étoient employés dans les administrations publiques, dans les agences subalternes, au service de la cour, de la nombreuse famille impériale, et des maisons qui participoient à son éclat : certes, il semble que s'il devoit y avoir une opinion fortement prononcée contre la famille des Bourbons, c'est là qu'il faudroit s'attendre à la trouver. Mais on ne peut pas nier l'évidence : si ce Rapport avoit été présenté à Bordeaux ou à Marseille, on auroit dit de Paris ce qu'on auroit voulu. Mais, à Paris même, comment jeter seulement du doute sur l'opinion qui s'y est montrée si librement en faveur du Roi, et qui s'y est manifestée d'une manière à la fois si éclatante et si soutenue ? Comment affoiblir l'expression du respect et de l'amour dont on lui donne de si fréquens témoignages ? Il vaut mieux n'en pas parler. Lorsque le faubourg Saint-Antoine étoit livré à la rébellion, son vœu étoit celui de toute la France ; aujourd'hui qu'il est rendu à la raison, qu'il a ouvert les yeux sur son véritable intérêt, aujourd'hui qu'il aime son Roi, ce vœu ne mérite plus qu'on en fasse mention; ou si l'on dit un mot sur cet élan universel, on ajoute, d'un ton fait pour en imposer même à la majesté des Rois : *Que ce n'est pas avec cela que l'on règne.* Il vaudroit presque autant dire que c'est avec des sbires, des bourreaux, et en inspirant la terreur.

Je ne saurois placer au nombre des erreurs de l'auteur du Rapport, l'assertion aussi fausse que criminelle qu'il se permet. Il ose dire, au Roi, qu'à son retour en juin 1815 : *Il n'y a pas eu un Prince étranger auquel le vœu national n'eût déféré la couronne, et que la seule exclusion eût été pour la famille des Bourbons.* Il ose dire cela à Paris même, où il a vu arriver le Roi ! Il ose le dire au moment où il vient de parler du dévouement, trop absolu suivant lui, que témoignent pour la personne du Roi les départemens de l'ouest, du midi et du centre de la France ! Il ose le dire à la face de la nation que ce Prince avoit déjà sauvée une fois, qu'il avoit réconciliée avec toute l'Europe, et qu'il avoit rendue au bonheur ! Il ose outrager à ce point le Père, le Libérateur de la patrie, et calomnier indignement, je ne dis pas seulement les bons François, mais la France entière ! Il faut bien croire que l'audace, la perfidie et l'imposture aillent jusques-là ; il faut bien croire que, par l'abus le plus coupable de la liberté des opinions, on est allé jusqu'à prêter de telles horreurs à un Ministre ; nous faudra-t-il croire aussi qu'il laisse impunies des manœuvres aussi criminelles ?

Ce que l'on dit des partis et des factions paroît être de la même bonne-foi ; mais ici il est plus aisé de se prévaloir des lumières réelles et mystérieuses que l'on est à même d'avoir. Un Ministre, habile en cette partie, vous promène, sa lanterne sourde à la main, dans les routes obliques et caverneuses de l'intrigue ; il porte la lumière sur des monstres affreux, sur des chimères, sur des fantômes qui frappent d'autant plus l'imagination, qu'ils n'ont point de réalité ; il la détourne à son gré des objets, moins effrayans en apparence, mais plus réels et plus dangereux : de ces faux-monnoyeurs en politique, sans cesse occupés à altérer la vérité, qui mettent en œuvre le sophisme, dénaturent les faits, sèment la calomnie et l'imposture, qui corrompent l'opinion publique par leurs écrits séditieux, et la déchaînent contre toute autorité légitime ; il laisse, s'il le juge à propos, les conspirateurs ourdir à leur aise leurs trames criminelles dans l'obscurité, et préparer ces explosions dont l'effet est toujours un nouveau malheur pour les peuples : en un mot, il vous fait voir tout ce qu'il veut, et rien que ce qu'il veut; et, s'il a des intentions coupables, le succès lui est d'autant plus facile, qu'il y arrive également en inspirant une fausse sécurité ou des terreurs chimériques; tant est grande l'importance d'un tel ministère ! tant il est essentiel de ne le confier qu'à des hommes dont la vertu puisse demeurer inébranlable au milieu de tous les vices, de tous les crimes qui assiégent l'ordre social ! tant nous sommes heureux de n'avoir à craindre que l'erreur dans celui qui est investi de cette autorité si salutaire, ou si dangereuse, selon le caractère de celui qui est appelé à l'exercer !

Mais il peut se tromper, et malheureusement il nous en donne de fréquentes preuves dans cet audacieux Rapport : c'est au point que cela seul démontre clairement qu'il n'est pas de lui. Il se trompe en désignant aujourd'hui comme un parti la généralité des Français qui sont revenus avec empressement à l'autorité royale, et qui lui sont restés fidèles : il y a sans doute beaucoup de divergence dans leurs opinions, mais ils s'accordent tous sur ce qui en fait la base : amour, respect et obéissance au Roi : tel est le point fondamental auquel ils sont enfin ralliés. Il seroit malheureux que ce fut encore là un parti, et si cela étoit, ce ne seroit pas à un ministre du Roi à nous l'apprendre. Il s'est trompé ou a dit ce qu'il ne devoit pas dire, en signalant une faction et des conspirateurs jusque dans la famille royale. Cela fût-il, y en eût-il des preuves, y eût-il flagrant délit, de pareilles confidences ne sont dues qu'au Roi, qui décide s'il convient d'en faire part à son conseil.

Il se trompe en faisant le dénombrement des partis en évaluant leurs forces et leurs moyens, et en les représentant comme prêts à en venir aux mains : il doit savoir que le Roi et les Princes de sa famille seroient là pour les en empêcher, pour les concilier et leur ouvrir les yeux sur les manœuvres des artisans de troubles ; il sait bien que si l'on n'a pas pu empêcher quelques effets de leurs machinations, on y a porté remède sur-le-champ ; que la guerre civile n'éclatera pas lorsque le Roi aura des forces sur lesquelles il pourra compter, et que jusques-là, ne voulût-il pas se servir de celles de ses alliés, elles n'en réprimeroient pas moins toute sédition qui menaceroit de s'étendre, tout mouvement qui donneroit la moindre inquiétude, et que plus des insurrections seroient alarmantes, plus elles seroient punies sévèrement.

Il se trompe également lorsqu'il ressuscite des partis, ou leur rend une influence qu'ils ont perdue depuis long-temps.

Les républicains étrangers à la France ont reconnu par nos excès que ce qui peut convenir à de petits états, seroit infiniment dangereux et tout-à-fait impraticable dans un pays aussi riche par son sol et son industrie, aussi corrompu, aussi grand et aussi peuplé que la France. Quant aux républicains françois, s'il en a réellement existé quelques-uns, quant à ceux même qui se disent ou se croient encore républicains, ils ne font pas plus un parti que les fous renfermés à Charenton.

On en peut dire autant du parti royaliste que le Ministre désigne comme étant aujourd'hui ce qu'il étoit en 1789. C'est ce qu'on appelle les royalistes purs, essentiellement attachés au Roi, ils font bande à part; mais dans les momens de crise, soit par nécessité, soit en haîne de la révolution, ils se rallient aux constitutionnels dont nous allons parler. Observons auparavant que ces royalistes, tous de même opinion dans le fond, diffèrent considérablement sur les moyens de réaliser leurs espérances. Les uns veulent le rétablisement prompt et spontané de tout ce qui existoit en 1789, sans modifications, sans en rien rabattre, ni rien ajouter. Les autres regrettent ce qui existoit en 1789, en desirent le rétablissement avec de sages modifications; quelques-uns vont même jusqu'à espérer qu'on poura y revenir insensiblement, sans secousses et par la seule force de la raison. Les premiers, en excessivement petit nombre, ne forment pas plus un parti que les républicains, et méritent, comme eux, de n'être pas épargnés par le ridicule. Quant aux derniers, s'il est quelqu'un qui de l'état le plus prospère soit tombé dans la dernière adversité, dans l'abjection où nous sommes et qui ne regrette pas les pertes qu'il a faites, qui ne desire pas de pouvoir les réparer, que celui-là les accable de ses plaisanteries, qu'il se rie des malheurs publics, qu'il désire les voir s'aggraver, mais qu'il ne dise pas qu'il aime sa patrie.

Ce n'est donc point dans toutes ces variétés d'opinions, dont nous avons parlé plus haut, qu'il faut chercher des partis; on n'y en trouveroit que de tout à fait insignifians. Il n'en existe qu'un qui mérite attention; un seul qui seroit à craindre, s'il n'étoit pas observé de près, si l'on ne connoissoit pas ses chefs, si on les laissoit travailler dans l'ombre et qu'on lui donnât les moyens et de la consistance, comme le desireroient quelques mal-intentionnés. Ce parti habitué à dominer sous tous les gouvernemens, s'est réuni sous la bannière des constitutionnels représentatifs, et s'efforce envain d'y jetter la division : il n'y en produit pas d'autre que celle qui résulte de sa présence. Les vrais partisans de la constitution et de la représentation sont cette multitude de Français qui commencent à sentir tout le ridicule de vouloir être souverain et sujet en même temps. Ils comprennent qu'entre un souverain et un esclave, ou un vil bétail, l'espace est assez grand pour qu'on y trouve des places intermédiaires très-sortables; ils ne se soucient plus d'une souveraineté imaginaire, qui ne leur a valu que des maux réels; ils ne se payent plus (1) d'abstractions et de mots vides de sens; ils ont assez éprouvé que le peuple, livré à lui même, est une masse inerte, essentiellement passive qui sert de jouet et de pâture aux prétendus patriotes qui le flattent, l'agitent et le déchirent tour à tour; ils sentent que ce peuple ne peut être quelque chose, ne peut trouver de véritable gloire et de bonheur que dans son union; qu'il lui faut un chef qui concentre et dirige sa force; que ce chef existe heureusement par les lois aussi anciennes que salutaires de la Monarchie; qu'il naît toujours parmi eux; que dès l'enfance il les regarde et les aime comme sa famille; qu'il ne peut avoir d'autre intérêt que de les rendre heureux. C'est autour de ce Chef qu'ils se réunissent de cœur; ils ont reçu avec reconnoissance la Charte constitutionnelle qu'il leur

---

(1) Je sens que je devance un peu l'opinion publique; mais il est certain qu'un sentiment intérieur agit fortement chez tous ceux qui pensent, qui ont un peu de bon sens, et commence à leur découvrir la source de tous nos maux.

a donnée, et qu'ils ne pouvoient se donner eux-mêmes; ils consentent que ce Prince éclairé les dirige dans le choix de leurs représentans, qui, jusqu'à présent, se sont montrés si indignes de leur confiance; enfin ils reconnoissent sa souveraineté, sa légitimité et lui promettent sans retour amour, respect, obéissance et fidélité. — Tels sont les constitutionnels représentatifs, les vrais Français, et c'est là qu'on peut voir sans prévention, non pas un parti, mais la très-grande majorité, la presque totalité de la France.

Ce que je viens de dire paroîtra une assertion hazardée à ceux qui veulent tout toucher au doigt et à l'œil, qui ne croient rien sans preuves et qui pourtant ajoutent peut-être foi aux calculs du ministre ou à la légalité de la dernière Chambre, dite des Représentans. Tout ce que je peux leur répondre, c'est que ce que j'ai encore à dire viendra fortement à l'appui de ce que j'ai dit. Pour contredire ces calculs faits de main de maître, je n'ai ni contre-police, ni agens qui me fournissent des instructions; je ne compte pas même sur mes yeux, qui peuvent me tromper comme ceux de tout ce monde-là; je ne me sers que de mon jugement, et encore avec beaucoup de défiance. Intimément convaincu qu'il y a folie à prétendre connoître, discerner et préciser l'opinion publique, je ne m'aviserois pas de vouloir le faire s'il ne s'agissoit de relever des erreurs dont les suites peuvent être extrêmement funestes. J'affirme bien plus la fausseté des calculs du ministre, que je ne songe à garantir la certitude des miens. Je ne réponds de rien, Dieu merci : je ne dis point que l'opinion publique soit telle que je la présente, mais j'entends qu'elle doit être telle, ou qu'il est facile de la rendre telle, à moins que l'aveuglement et la déraison du peuple ne passent toutes les bornes; et il est un point au-delà duquel il n'est guère possible de descendre.

J'en viens donc à ce que l'on peut appeler les faux constitutionnels. Ce parti étant le seul qui puisse être à craindre, il convient de le bien connoître, et pour cela de le considérer sous tous ses points de vue, c'est-à-dire, dans son ensemble et dans ses élémens. Nous observerons ensuite ces élémens, dont les uns sont bien moins dangereux que les autres, ce qui divise ce parti en deux classes, dont l'une qui s'augmente journellement rentre insensiblement dans les voies de l'honneur, de la raison et du devoir, et dont l'autre diminue et s'affaiblit par conséquent chaque jour et se neutralise en attendant son entière défection.

Ce parti se compose dans son ensemble de ceux qui ont été tour à tour anarchistes, jacobins, conventionnels, républicains, partisans du directoire, du consulat et de l'empire, qui ont passé successivement par tous ces partis et les ont tous soutenus avec un égal degré de chaleur; on les a vus ensuite être les suppôts et les sicaires de la tyrannie universelle, de la dictature et de l'indépendance anarchique sous Buonaparte; ce sont les révolutionnaires éternels, les Buonapartistes enfin. Ils sont en effet très-vigoureux, très-énergiques, mais leur nombre, que nous serons mieux à portée d'évaluer tout à l'heure, n'est pas à beaucoup près aussi effrayant que l'on voudroit le persuader; il n'est rien auprès de celui des constitutionnels auxquels ils feignent de se réunir, mais avec lesquels ils n'ont rien de commun.

Ce même parti, considéré dans ses élémens, s'est formé de tous ceux que Buonaparte, en réunissant tous les genres de tyrannies, a jugés propres à être ses agens. C'étoit au civil ses ministres, ses conseils, ses grands corps politiques, ses préfets et quelques administrateurs préposés plus spécialement à son système d'oppression et de spoliation. Il faut y ajouter les spéculateurs en grand sur les domaines nationaux, ceux qui en ont acquis de mauvaise foi et en général tout ce qu'il y a de profondément immoral. Dans le militaire, c'étoit un assez grand nombre d'officiers-généraux qui ne devoient qu'à lui leur élévation, presque tous les officiers-supérieurs, une partie des subalternes qui espéroient de l'avancement, et toute sa garde; parmi les soldats, c'étoient ceux qui, habitués à la victoire et habiles à profiter de ses droits, s'étoient voués à l'état militaire. De longs revers, une fatigue excessive sans dédommagement en avoient fait changer beaucoup de résolution, et le plus grand nombre n'aspiroit plus qu'à un service moins pénible, ou à retourner dans leurs foyers. Ajoutons à tout cela, cette seconde armée de douaniers, de garde-côtes, de percepteurs, de garnisaires et de sbires de toute espèce. Une grande partie de cette nombreuse milice, prise et employée dans l'étranger, y est restée; plusieurs ont recruté l'armée et en font partie; enfin, sous quelque gouvernement que ce soit, bon nombre de cette espèce de gens sont malheureusement sûrs de ne pas manquer d'emploi. Voilà, depuis Buonaparte jusqu'à ses derniers sicaires, tout ce qui formoit son parti; voilà ce qui forme maintenant le parti des constitutionnels-représentatifs-anarchistes, car c'est ainsi qu'il convient de les désigner. Ce sont ces caméléons politiques, toujours réunis sous la même bannière, qui, en réclamant la souveraineté, l'indépendance et les droits du peuple, ne réclament en effet que le droit de le dominer, de l'opprimer, de le fouler aux pieds; si on leur conteste ce droit imprescriptible; si seulement on cherche à le restreindre, ils seront éternellement mécontens; ils s'efforceront de renverser tout gouvernement qui ne sera pas essentiellement oppressif et dont ils ne seront pas les principaux agens. Il faut de nouveau livrer la France à leur voracité, il faut qu'elle soit leur propriété, et les quatre-vingt-dix-neuf centièmes des François leurs esclaves et leurs vaches à lait. Et il y auroit des hommes d'état assez aveugles, ou assez entichés de leurs folles opinions, pour ne pas apercevoir ou pour favoriser les prétentions de cet abominable parti! N'est-ce pas le servir que de le représenter comme un torrent dévastateur à qui rien ne pourroit résister? que de vanter sans cesse son énergie, comme si les départemens de l'ouest, du midi et de presque toute la France, n'avoient pas aussi leur énergie; comme si l'on n'étoit pas obligé de la contenir? comme si l'on ne savoit pas qu'il y a une énergie qui est la perfection du crime : celle des comités révolutionnaires, des cinq à six cents Marseillois qui répandirent la terreur d'une extrémité de la France à l'autre! Cette énergie, de sages Ministres s'efforcent de la comprimer, de la détruire, et se gardent bien de l'exciter! N'est-ce pas servir ce monstrueux parti que de se joindre à lui pour réclamer d'insidieuses concessions ? que d'appuyer avec délices sur la désunion des François, qui, après tout, peuvent s'unir, puisqu'ils ont un chef, et de représenter, d'un autre côté, ce parti comme formidable par son union, lorsqu'il renferme tous les principes de discorde; lorsque, privé de son chef, il ne peut trouver ni scélérat assez profond, ni ambitieux assez fou pour oser prétendre à le remplacer ? Enfin, n'est-ce pas le favoriser, chercher à lui rendre toute son activité, que d'exagérer ses moyens et ses forces, comme on exagère les divisions, les terreurs et la foiblesse du parti contraire ? Nous réduirons bientôt, en les analysant, ces forces à leur juste valeur. Je ne chercherai pas à me faire illusion; mais si, quoique je fasse, il m'échappe quelque erreur, au moins ce sera celle d'un bon François.

Répondons d'abord à l'objection qu'on ne manquera pas de faire sur l'évaluation de ce parti, que je fixe au plus à un centième de la nation. Je conviens qu'il faudroit y ajouter, non pas les familles de tous ceux qui le composent, mais bien celles de ses personnages les plus marquans qui éprouvent un changement total dans leur existence; car on avouera que, parmi ceux qui ont prospéré sous le Gouvernement impérial, il s'en trouve beaucoup qui conservent d'assez beaux restes de leur fortune passée, pour désirer d'en jouir paisiblement, n'importe sous quel Gouvernement. Il conviendroit donc d'augmenter un peu la proportion que je viens d'établir en raison du nombre très-borné de ces familles absolument ruinées. Mais, d'un autre côté, voyons s'il ne convient pas plutôt de la réduire de beaucoup. Il est clair, parce que cela tient à la nécessité, que depuis l'officier général jusqu'au simple soldat, depuis le premier administrateur jusqu'au dernier employé, grand nombre de ceux qui étoient placés conserveront leurs places : en dépit de toutes les prédictions des amateurs de troubles, il faudra avoir indignement sali sa place pour la perdre. Beaucoup de ceux qui perdront quelque chose d'un côté, le retrouveront de l'autre. Et s'imaginera-t-on qu'une famille puisse être bien exaspérée, parce qu'un de ses membres sera officier ou soldat dans la garde et dans l'armée royale, au lieu de l'être dans la garde ou dans l'armée impériale qui n'existent plus; de ce qu'il sera employé dans les nouvelles administrations comme il l'étoit dans les anciennes? Qui peut douter que, bien loin de s'en plaindre, bon nombre de familles riches, ou seulement aisées, ne voient rentrer avec joie sous le toit paternel des enfans qu'ils craignoient à chaque instant de perdre, soit par les hasards et les fatigues de la guerre, soit par un séjour trop prolongé dans les camps, où tant de vices se contractent avec bien plus de facilité que l'amour de la véritable gloire. D'un autre côté, quel que soit l'aveuglement général, croit-on que la plupart de ceux qui éprouvent des pertes par la suppression de leurs places, ou par des réductions devenues indispensables, aient assez de déraison pour ne pas sentir qu'ils doivent les attribuer à celui dont ils avoient eu le malheur de faire leur idole; que, par l'état de dépérissement et sans remède où Buonaparte étoit arrivé, ils éprouvoient déjà ces pertes et ces réductions, et qu'elles ne pouvoient qu'augmenter par la continuation d'une guerre désespérée, qui devenoit de plus en plus désastreuse? Croit-on que tous aient tellement perdu toute idée de justice, qu'ils ne sentent pas qu'avant de devenir absolument générales, nos calamités actuelles pesoient depuis long-temps sur la presque totalité de la nation; que son épuisement ne lui permet plus d'en supporter le poids à elle seule, et que le temps est arrivé où ceux qui ont contribué au mal, sont forcés par la loi de la nécessité à ressentir une partie de ses effets? Ne voient-ils pas enfin que, non-seulement il faut renoncer à aller lever des contributions dans toute l'Europe, mais que nous sommes réduits à rendre à toute l'Europe ce que l'usupateur lui avoit extorqué; que la

France, dont le sang et les richesses ont été exprimés si longuement, est dans un tel état d'épuisement et de délabrement, qu'elle ne peut tenter de long-temps l'avidité de personne? Ainsi, beaucoup de ceux qui composoient ce parti ne perdront rien; beaucoup de ceux qui font des pertes, ne pouvant s'en prendre qu'à la force des circonstances ou à leur mauvaise étoile, les supporteront avec résignation, et chercheront à les réparer par le travail et par l'industrie. Ainsi, à moins de vouloir nier l'évidence, j'ai eu raison de dire que ce parti se réduit, au plus, à un centième de la nation.

Mais quelque borné que soit ce nombre d'hommes plus ou moins dangereux, s'il avoit encore ou pouvoit avoir un chef, toutes les puissances devroient continuer à lui faire la guerre; toutes les volontés, tous les moyens devroient se réunir pour achever de le détruire: au défaut de la justice, comprimée, énervée et corrompue par cet infâme parti, chaque citoyen seroit appelé à coopérer à sa destruction. Le despotisme militaire et anarchique est le pire de tous les despotismes; fondateur du régime féodal, créateur de la servitude, il ne tarit pas seulement le sang et les richesses des peuples, il n'outrage pas seulement la dignité de l'homme, il le déprave, il l'abrutit: tout seroit préférable à cet odieux esclavage, tout seroit permis pour ne pas se le laisser imposer. Mais, grâces à Dieu, nous n'aurons pas de si grands efforts à faire. Analysons ce parti qu'on nous fait si terrible; divisons-le, au lieu de l'unir, comme il est trop visible qu'on veut le faire; séparons, en un mot, ses élémens, et distinguons ceux qui sont véritablement dangereux; alors nous reconnoîtrons que cet effrayant colosse, déjà atteint dans son chef et dans quelques parties sensibles, est aussi foible qu'on voudroit nous le faire paroître fort.

Un des moyens qu'on emploie pour lui rendre sa vigueur est de lui persuader que tous ses membres sont coupables; ainsi, tandis que d'un côté on lui ménage des ressources, qu'on le flatte par de fausses espérances, de l'autre on l'excite, on cherche à le réunir et à l'irriter en lui inspirant de vaines terreurs. Sans doute ce parti est coupable, mais est-il beaucoup de François qui ne le soient pas? En ce sens, nous sommes tous sous la main d'une justice supérieure dont il ne nous appartient pas de scruter les décrets; subissons la loi de cette justice éternelle, et faisons des vœux pour qu'elle n'égale pas à nos fautes le châtiment qu'elle nous inflige. Mais, selon la justice humaine, sommes-nous tous également coupables? le crime n'a-t-il donc pas ses degrés? celui qui, par ignorance, par défaut de réflexion, par séduction, par foiblesse ou par crainte, coopère à des actions criminelles, est-il aussi coupable que celui qui médite et qui enfante le crime, que celui qui s'y plaît comme dans son élément, et qui s'efforce de l'étendre à toute la nature? C'est ce que quelques esprits profondément pervers voudroient persuader à tout ce parti : ne voudroient-ils pas aussi persuader à la France entière qu'elle est toute également coupable? Ce sont là les dignes lieutenans de Buonaparte; ce sont eux qui, avec leurs pareils, forment ce noyau de grands, de vrais coupables, qui est heureusement presque imperceptible. Mais on ne les perd pas de vue pour cela, ils ne se donneront point un chef, un but, un intérêt; rien de ce qui consolide les partis n'existe plus pour eux; ils n'allumeront point la guerre civile; les étrangers ne sont plus disposés à satisfaire leur rapacité; le peuple n'a plus de sacrifices à leur faire; presque revenu de la stupide léthargie où ils l'avoient plongé, il est sourd à leur voix; il est payé pour ne plus croire à leurs impostures; l'habitant des campagnes, plus heureux de son ignorance que des fausses lumières qu'on voudroit lui prêter, ne croit plus à leurs mensonges; il en sait assez pour comprendre que, si l'on rétablissoit ses impositions d'autrefois, il ne payeroit pas la moitié de ce qu'il paye maintenant, et que, lors même qu'on auroit envie de le faire, l'état de gêne où nos folies ont réduit les finances ne permettroit pas de long-temps une pareille réduction dans les revenus de l'État. Ainsi, tout intérêt disparoissant, ce parti est donc réduit à faire ses comptes, à se séparer, et la fin des associations criminelles est toujours le commencement des divisions. Lorsque l'intérêt ne fascine plus la vue, on se demande qui a fait le mal. Chacun cherche à le rejeter sur autrui; la conscience se réveille, même chez ceux qui la sentent le moins; ils veulent se soulager des terreurs qu'elle leur inspire, en les faisant partager à ceux qui ont été leurs complices; mais cette même conscience, encore qu'elle participe de la foiblesse humaine, dit à tous : que généraux, officiers et soldats; que ministres, magistrats et administrateurs, sont malheureux d'avoir obéi à une autorité criminelle; mais que s'ils s'en sont tenus à la simple obéissance, on ne sauroit leur en faire un crime. Elle dit à tout subalterne, à tout sujet, que, quelqu'injustes que soient les lois émanées de cette autorité, ils ont dû leur obéir, et que s'ils n'ont que ce reproche à se faire, ils sont assez à plaindre d'avoir été foulés, pervertis et dépravés par d'odieuses lois, pour qu'on songe à autre chose qu'à les guérir et à les consoler. Cette conscience dit aux acquéreurs de biens nationaux, de bonne foi, qui ont payé ce qu'ils ont acquis en vertu d'une loi, qu'ils ne sont pas responsables du crime que sanctionne cette loi; qu'elle n'avoit, à la vérité, rien de coërcitif pour eux; mais qu'ils ont pu en profiter sans qu'aucune loi civile puisse jamais le leur imputer à crime. Elle dit à ceux qui ont acquis de ces mêmes biens en quatrième, cinquième, dixième main, à ceux qui les ont achetés sous le règne de Louis XVIII, et sous l'empire de la Charte constitutionnelle qu'il nous a donnée, qu'il est impossible, non-seulement qu'on les tienne pour criminels, mais même qu'on jette, à cet égard, le moindre doute sur leur honnêteté; elle dit, à tous, que jamais on ne sauroit les confondre avec ces premiers receleurs qui, par les spéculations infâmes qu'ils faisoient sur les dépouilles de leurs concitoyens, invitoient, excitoient, autant qu'il étoit en eux, les bourreaux de la France à de nouvelles spoliations, à de nouveaux assassinats; mais elle leur dit, aussi, qu'ils ont eu tort de partager les craintes de ces scélérats et de tous ceux qui redoutoient le retour de la justice, de s'unir avec eux de vœux et d'opinion, et qu'ils sont surtout blâmables d'avoir été alternativement les protecteurs et les protégés de l'usurpation et de la tyrannie. Cette conscience, terrible lorsqu'elle agit sur les grands coupables, dit à quelques milliers de scélérats, que ceux qui, non contens de servir le despotisme, ont cherché à dominer le tyran, qui l'ont excité à la cruauté, qui ont flatté ses passions et ses vices, qui ont usurpé une portion de sa tyrannie pour commettre des crimes en leur nom; que ceux qui ont vexé, opprimé et pressuré le peuple pour leur propre compte; que ceux qui se sont faits, non les échos, mais la voix du mensonge, de l'erreur et de la calomnie; que ceux qui sont allés jusqu'à se glorifier de la perfidie, du parjure et de la trahison, que ceux-là sont les vrais coupables; qu'en tout temps, en tous lieux leurs crimes ne perdent rien de leur noirceur; qu'il faudroit avoir de la propension à les imiter pour les plaindre tant qu'ils en seront souillés; que, fléaux de toute société, toute société s'empresse de s'en débarrasser.

Mais ce nombre de grands coupables, encore trop considérable, quelque réduit qu'il soit, un Prince, destiné à réparer nos fautes, à guérir nos blessures, à cicatriser nos plus profondes plaies, vient le réduire encore. Représentant d'un Dieu de paix et de clémence, ce n'est point assez d'avoir oublié tant d'anciennes injures, celles qui tout récemment viennent de déchirer son cœur, celles qui ont jeté dans la consternation l'Europe entière, il vient les couvrir d'un pardon qui effrayeroit ceux qui lui sont demeurés fidèles, si l'on pouvoit redouter quelque chose sous l'égide de la Sagesse. Forcé de satisfaire à la justice, à ses augustes Alliés, à l'Europe et à sa propre dignité; obligé de punir un crime qui a fait couler des torrens de sang, qui a réveillé les haines civiles et étrangères, qui nous plonge dans un abîme de malheurs, il désigne quelques-uns des principaux coupables au glaive de la justice; quelques autres en sont quittes pour l'exil; tout le reste est abandonné aux remords et au repentir! Deux mois se sont écoulés, et un seul traître a jusqu'à présent expié son crime par la perte de la vie! Espérons que cet excès de clémence n'aura pas les suites qu'ont ordinairement tous les excès, ou que la prudence du Roi saura nous en préserver (1).

Résumons tout ce que je viens de dire sur ce parti : je l'ai montré dans la plus grande force qu'il ait eue, s'élevant au plus à un centième de la nation; je l'ai montré successivement affoi-

---

(1) Il faut avoir un goût bien décidé pour les mauvaises maximes pour être allé chercher, parmi tant de bonnes choses qu'a dites l'immortelle Catherine, une espèce de synonyme, un jeu que cette princesse s'est permis sur les mots de *justice* et d'*équité*. Sans s'amuser à pointiller sur les mots, on voit, au premier coup d'œil, ce que cette maxime a de faux et de dangereux, et qu'on ne pouvoit la citer plus mal à propos qu'au sujet des actes de justice exercés jusqu'ici sous Louis XVIII. La valeur

bli par la force des circonstances, par le manque de chef, de but et d'intérêt; je l'ai montré excessivement réduit par l'effet d'une loi naturelle, qui finit toujours par isoler le crime, réduit enfin, non plus à un centième, mais à un dix-millième de la nation, à deux ou trois mille grands coupables, tout au plus. Ce petit nombre, fortement combattu par la raison, par l'opinion publique, par la nation entière, qui ne veut plus en être opprimée, le Roi vient de l'attaquer plus vigoureusement encore par sa modération, par sa douceur, par ses bienfaits. Sa clémence appelle au repentir ces enfans rebelles; elle les condamne à réparer les maux qu'ils ont faits, en rentrant dans le chemin du devoir et de l'honneur. C'est ainsi que Louis juge l'esprit et l'opinion de son peuple. Sans doute, malgré sa haute sagesse, il n'est pas impossible qu'il se trompe; mais, je le demande,

---

des mots dépend beaucoup de la place et de l'acception qu'on leur donne ; et en général, quelque idée de sévérité qu'on attache à celui de justice, l'équité, la probité, la délicatesse même sont souvent plus sévères qu'elle, et nous voyons tous les jours la première absoudre ce que les autres condamnent sans rémission. Des traîtres et des parjures ne gagneroient rien à être cités devant leur tribunal ; mais il vaut bien mieux fronder la justice que le crime !

quelle erreur sera la plus excusable de la sienne ou de celle de son Ministre ?

J'ai appuyé, assez longuement, sur la partie du Rapport qui touche le plus directement à la tranquillité publique. Chacun de ses articles mériteroit une réplique aussi étendue; car on sait que les faux principes, surtout lorsqu'ils flattent nos passions, s'établissent en quelques lignes, et qu'ils ne se réfutent pas toujours par quelques volumes. L'autorité d'un homme public, d'un Ministre puissant qui a le trompeur avantage d'écrire avec la certitude qu'il ne sera pas contredit, de professer des erreurs dès long-temps répandues, et agréables à la multitude; cette autorité, dis-je, en même temps qu'elle enlumine ces erreurs, et qu'elle leur donne plus de poids, les rend plus difficiles à combattre. Lorsque le mal se fait publiquement, lorsqu'il se fait avec ostentation, les remèdes ne peuvent se composer et s'administrer que dans l'ombre; et il faudroit être bien simple pour en espérer de grands effets. Heureusement l'expérience, qui sert tôt ou tard, et la violence du mal, permettent d'espérer plus raisonnablement qu'on finira par rechercher l'antidote avec autant d'empressement qu'on en a mis à avaler le poison.

Je passe sous silence tout ce qui concerne la présence des troupes étrangères sur notre territoire. Qui les a attirées, avec les maux dont on se plaint ? Les Ministres de Buonaparte le savent mieux que personne.

Quant à la prolongation de leur séjour, si ce n'étoit assez de l'esprit d'agitation qu'on a l'air d'entretenir, des fanfaronnades, des pamphlets et des caricatures qu'on se permet à leur égard, le Rapport en question suffiroit pour leur en faire sentir la nécessité. Il leur dit positivement qu'ils ne seront pas rentrés chez eux, que ce sera à recommencer. Ce n'est pas la peine qu'ils s'en aillent.

Je passerai aussi rapidement sur la censure des actes du Gouvernement de Louis XVIII : elle est aussi injuste que peu mesurée dans la bouche d'un de ses nouveaux ministres. Il a toujours sur le cœur ce nouveau peuple de douze à quinze mille vieux serviteurs du Roi, qui détruit en France l'unité et l'indivisibilité : tant que ce peuple subsistera parmi nous, tout ne peut aller qu'au plus mal. Cependant chacun sait que, malgré ce vice radical, malgré les hommes incapables dont le Roi s'étoit entouré, nos finances s'étoient singulièrement rétablies en moins d'une année; que notre commerce commençoit à se relever ; que nos relations extérieures avoient repris l'influence raisonnable à laquelle elles doivent prétendre ; que nous étions en paix avec le monde entier et presqu'avec nous-mêmes; qu'enfin, revenus à la vie, nous respirions et commencions à goûter le bonheur. On a bien prétendu que, même sans Buonaparte, nous n'en aurions pas joui long-temps : les inspirés, dont la tête est toujours remplie de chimères, ont pu alors et pourront dans tous les temps, faire de pareilles prédictions : il est trop vrai que dans ce monde les prophètes de malheur sont plus sûrs de leur prescience que les autres; mais le mal qu'ils prévoyoient n'étoit que dans leur tête, et les biens dont nous jouissions étoient réels. Que nos Ministres actuels nous répondent de nous remettre en quatre ans au point où nous étions arrivés en quelques mois, et pour ma part, je leur vote d'avance des remercîmens.

Pour simplifier et éclaircir ce qu'il me reste à dire avant d'en venir à la conclusion de ce Rapport, je vais d'abord réunir tous les fagots révolutionnaires dont il est encombré, pour en faire un bûcher, un sacrifice expiatoire à la justice et à la raison offensées depuis si long-temps. Je dirai auparavant, une fois pour toutes, que si j'avois seulement douté que cette pièce fût de celui à qui on l'attribue, je n'y aurois pas répondu, ou que je l'aurois fait sur un autre ton. Peu habitué à ces sortes de débats, je ne puis empêcher un peu de confusion de s'y introduire. Mais je déclare qu'en combattant des erreurs dangereuses et faites pour exciter l'indignation, je n'entends attaquer que ces erreurs et celui qui s'est servi d'un nom fameux pour les répandre, et jamais le Ministre qui n'a pas fait ce Rapport et qui l'a encore moins publié; ainsi, s'il m'arrive de parler de celui-ci, il est clair que j'entends parler de celui qui a pris son nom. Au reste, j'espère n'avoir pas besoin de dire que j'aime le Roi, comme l'aiment tous les bons François, et que par conséquent j'aime aussi les Ministres auxquels il accorde sa confiance, et qui le représentent. D'ailleurs, qui pourroit imaginer que j'eusse autre chose que des hommages à rendre à celui, qui, investi d'une autorité redoutable, ne s'en est servi que pour tromper la tyrannie, que pour en détourner ou en amortir les coups, à celui qui a préservé la capitale des fureurs de l'anarchie, à celui qui a coopéré au retour du Roi, et qui l'aide dans le bien qu'il travaille à nous faire. On peut tout oublier, mais non pas de pareils services.

L'auteur du Rapport, ainsi que ceux qui ont accueilli les idées révolutionnaires, connoissent parfaitement l'état où elles nous ont réduits; ils voyent notre mal, ils nous le découvrent dans toute son étendue; mais lorsqu'il s'agit de le guérir, ils ne sont pas, à beaucoup près, aussi experts. Ils avouent que la démoralisation est à son comble, et que c'est la révolution qui a développé, avec une effrayante rapidité, ce germe destructeur de tout corps social, et qui le croiroit! ils n'y voient et ne veulent y voir d'autre remède que la révolution elle-même! Il semble, à les entendre, que la révolution soit comme l'aspic qui porte avec lui le poison et son remède! *La révolution est la cause de tous nos maux;* donc, *il ne faut point de contre-révolution. Tout n'a pas été crime et erreur dans la révolution;* donc, *il ne faut toucher à rien de ce qui est* CONSACRÉ *par la révolution.* Dans un autre temps, on ne croira pas que ce soit la même personne qui ait avancé ces propositions dans le même écrit, dans la même page. C'est cependant la vérité. On fait plus : on établit sur ces propositions des raisonnemens, ils font le fondement de tout un discours! Qu'on juge de ce que cela peut être. Quand on se jette ainsi à corps perdu dans l'erreur et dans la confusion, on dispense les gens sensés de répondre. L'auteur de cet incroyable Rapport a dit en ce genre ce qu'il a voulu : moi, je ne dirai que ce qui peut et ce qui doit se dire; et pour le dire avec l'ordre dans lequel se plaît la vérité, je ne m'astreindrai point à suivre ses divagations.

Les révolutions sont, en général, un état de

maladie pour les peuples ; la révolution françoise a été plus que cela ; elle a été une longue suite d'accès frénétiques, un long délire ; plus qu'aucune autre, elle a irrité les passions, enfanté les vices et les crimes, suspendu l'action de la justice, dépravé les mœurs, aliéné les esprits, obscurci le jugement, divisé les opinions, desséché et corrompu les cœurs. Pendant vingt-cinq ans, nous avons éprouvé ses funestes effets ; elle nous a réduits à un état d'abaissement et de misère dont nous ne pourrons peut-être jamais nous relever. On conçoit que quelques-uns de ses prosélytes fanatiques, qui n'en ont pas vu toute les horreurs, ou que quelques-unes de ses plus malheureuses victimes puissent encore s'enflammer en parlant de cet horrible fléau ; mais croira-t-on qu'un Ministre ose en parler aujourd'hui comme le faisoient, il y a vingt ans, ses plus zélés apôtres ? doit-il s'exposer à replonger la nation dans un état tel que celui que nous venons de dépeindre, ou à l'empêcher d'en sortir ? devoit-il parler de la révolution ? ou, s'il lui étoit impossible de s'en dispenser, pouvoit-il en parler autrement que pour déplorer ses effets ?

Quand on convient que la révolution, en corrompant les mœurs, entraîne nécessairement la dissolution du corps social, quand on est réduit à tâcher de persuader que tout n'a pas été crime et erreur dans la révolution, ce qui est avouer qu'elle en a produit beaucoup, comment ose-t-on dire ensuite qu'il ne faut toucher à rien de ce que cette révolution a consacré? C'est donc à dire que si l'on se trouve engagé dans le chemin du crime et de l'erreur, il faut poursuivre sa route, au lieu de revenir sur ses pas.

La preuve qu'on peut toucher, sans le moindre danger, à ce que la révolution a consacré, qu'on peut revenir sur le mal qu'elle a fait, c'est qu'heureusement nous sommes revenus de la république, qui étoit un de ses heureux fruits. On a bien dit cent millions de fois : *la république ou la mort :* cependant la république a disparu et nous sommes encore en vie. Par bonheur bien de ses heureux fruits ont disparu avec elle, il n'est que la folie qui soit un peu plus tenace ; mais il faudra bien qu'elle cède, lorsque personne n'osera plus s'opposer au retour de la raison.

La première, la plus haute, la plus ridicule folie de la révolution, le type de toutes les sottises et en même temps de tous les crimes qu'elle a enfantés, la source enfin de tous nos maux, c'est, pour gouverner le peuple et pour le rendre heureux, de lui avoir persuadé qu'il étoit souverain. Que de tout temps, des esprits ardens et inquiets aient trouvé dans cette absurdité grossière et dans d'autres pareilles de quoi favoriser leur penchant à la révolte; que des sophistes et même des écrivains célèbres, payant largement leur dette à la foiblesse humaine, et cédant à la fougue de leur imagination, aient ressuscité ces idées pernicieuses, au moins la nouveauté chez les uns, une teinte d'originalité et l'empreinte du génie chez les autres en déguisoient le dangereux poison; mais que des gens sans talens, sans autre génie que celui du mal, les aient montrées dans toute leur nudité; que, malgré cela, on ait eu la constance barbare de faire pendant vingt ans l'essai de ces monstrueuses spéculations; qu'elles nous aient réduits au comble de toutes les misères, et que l'on ose encore les proclamer avec une emphase aussi plate que ridicule; que des charlatans, des conspirateurs, des forcenés réunis en corps aient eu l'audace, en 1815, de les recommander à la postérité, c'est ce qui donnera une idée juste de l'esprit libéral et des grandes lumières des dix-huitième et dix-neuvième siècles. Ces lumières sont de nature, on peut le dire sans blasphémer, qu'elles nous forceront bientôt à regretter que le peuple des campagnes, celui des villes, que la classe moyenne sachent lire. Certes, la simple ignorance est cent fois préférable à ces fausses, à ces demi-lumières. L'une, modeste, craintive, conduit, il est vrai, à l'esclavage, mais n'irrite point la tyrannie, et peut même la désarmer; les autres, aussi orgueilleuses que ridicules, entraînent violemment à la servitude la plus dure; elles croient défier le tyran, elles l'appellent.

Le peuple abuse de tout, il abuse surtout des droits qu'on lui donne, et c'est toujours comme cela qu'il finit par les perdre. Quels sont ces droits si naturels, si imprescriptibles, si sacrés qu'on lui fait demander comme une restitution? en a-t-il jamais eu d'autres que ceux que lui ont donnés les conquérans ou les usurpateurs qui l'ont soumis à leurs lois? lui en restoit-il à l'avènement de la dynastie actuelle de nos Rois? ne sont-ce pas ces Rois qui l'ont délivré de l'esclavage, alors bien réel, où il étoit réduit sous les Barons et sous la multitude de Châtelains qui possédoient la France et les François en toute propriété? ne sont-ce pas ces Rois qui l'ont détaché de la glèbe, qui ont brisé les bercails dans lesquels on le tenoit enfermé, où on le comptoit avec le reste du bétail? ne sont-ce pas ces Rois qui lui ont donné, concédé de leur pleine volonté les seuls droits incontestables et bien acquis qu'il puisse avoir? Ces droits, convenables à l'intérêt des Rois et du Peuple, n'ont-ils pas été d'autant plus stables, qu'ils ont été accordés plus librement et restreints dans des bornes salutaires? Le droit de fixer ces bornes si néçessaires appartient-il à celui qui donne ou à celui qui reçoit, au Souverain ou au sujet, au père ou aux enfans, à celui qui a puissance, volonté une, déterminée et raisonnable, ou à celui qui ne peut rien avoir de tout cela? Aucune de ces vérités ne peut se mettre en question : les principes qui en découlent n'ont rien de faux, ni de dangereux; ils ne conduisent ni à la servitude, ni à l'anarchie, et c'est pour cela qu'ils ne sont pas du goût de ceux qui ne veulent que l'anarchie, s'ils ne peuvent obtenir la tyrannie et y participer.

L'auteur du Rapport fait un tableau en raccourci du Gouvernement qu'on a détruit en 1789, tel que pourroit le faire le royaliste le plus pur. Après avoir dépeint sa douceur, son action imperceptible et le bonheur qu'il procuroit aux François, il croit faire contre ce même Gouvernement un argument irrésistible, il croit finir par un coup de massue, en disant que cependant les François l'ont renversé. Quand on voit chaque jour, non pas seulement les écervelés et les gens d'esprit, mais ceux qui, à beaucoup d'égards, ne manquent pas de sens, quitter le bien pour le pire, y a-t-il tant à s'étonner qu'un peuple ait fait la même sottise? On se blase si vîte dans la prospérité, on restreint si difficilement les désirs indiscrets, le passage de l'extrême bonheur à l'extrême infortune est si fleuri, si obscur et si glissant, qu'il seroit plutôt surprenant qu'un peuple léger et inconstant ne s'y fût pas laissé prendre ! Est-ce une raison pour réprimer les efforts qu'il fait pour retourner au point d'où il est si indiscrètement parti ? Pour qu'il ne recule pas de quelques années, faut-il le faire rétrograder de plusieurs siècles? de peur qu'il retombe en 1789 où il étoit heureux, faut-il le rejeter en 1089? Qu'on ne s'y trompe pas : cela n'a tenu à rien. Si Buonaparte eût obtenu la paix des puissances étrangères, s'il se fût vu bien décidément réduit à se contenter de la France, croit-on qu'il se fût gêné pour donner des provinces à ses généraux, des villes, des villages, des paysans à ses officiers? C'est toujours par des tyrans pareils que l'esclavage s'établit, ou plutôt qu'il se fonde, car il existoit déjà de fait. Qu'on demande à certains départemens si leurs préfets ne valoient pas les anciens Barons; qu'on demande à plusieurs divisions militaires du midi ce qu'étoient leurs Généraux; déjà le nom de pékin avoit remplacé celui de vilain (1); tout ce qui n'étoit pas militaire ou employé du Gouvernement étoit moins que rien, etc. Enfin cette domina-

---

(1) Ce nom de *vilain* donné aux anciens cerfs, avoit disparu avec les restes de la féodalité il y a plusieurs siècles.

tion archiféodale existoit déjà, il ne manquoit plus que de l'étendre au sol, comme elle l'étoit à ses produits et aux personnes; que de la légaliser; et, je le répète, il n'a tenu à rien que nous ne vissions renaître les temps libéraux du dixième siècle, où bien des gens aimeroient mieux nous reporter que de nous laisser retomber en 1789.

Une autre phrase banale qu'on ose reproduire dans ce Rapport, est celle-ci : *Le peuple ne veut pas perdre les fruits d'une révolution qui lui a coûté si cher, et qu'il a payés par tant de sacrifices.* Au moins ici, s'il y a de la dérision, il y a quelque chose de vrai. Certainement la révolution nous a coûté cher! notre sang, notre gloire, nos lumières véritables, nos richesses, notre commerce, que nous le voulions ou non, tout cela est malheureusement perdu pour nous. Ce sont de grands sacrifices, et des sacrifices d'autant plus cruels, qu'ils ont été faits mal à propos, puisqu'ils ne nous ont valu que des fruits empoisonnés dont nous ne saurions trop tôt nous débarrasser. Nous avons vu déjà leur pernicieux effet sur le moral; l'auteur en convient : il est impossible qu'il en ressorte autre chose que du mal. Voyons cependant si, politiquement, quelques-uns de ces fruits auroient été bons à quelque chose; jugeons-en par raisonnement et par comparaison.

La révolution nous a valu de nouvelles représentations nationales ; je dis de nouvelles, car anciennement nous avions nos états-généraux, qu'on assembloit trop rarement (un excès ne vaut pas mieux que l'autre), nous avions des parlemens qui sanctionnoient par leurs enregistremens les lois bursales, fiscales et autres ; nous avions des notables, des corporations qui unissoient les citoyens et garantissoient dans les plus basses classes comme dans les plus hautes, la liberté publique et individuelle. Un honnête savetier n'étoit pas emprisonné sans sujet et impunément. Qu'ont fait nos nouvelles représentations ? si l'on en excepte l'assemblée constituante qui a fait beaucoup de mal, qui l'a commencé et qui a outré le peu de bien qu'elle a cru faire, toutes les autres ont mis leur émulation à se surpasser dans le mal ; toutes ont livré le peuple, pieds et mains liés, aux tyrans de toute espèce qui se sont succédés ; toutes ont favorisé l'ambition, la tyrannie et l'injustice, en leur prodiguant le sang des citoyens qu'ils représentoient, en consentant des impôts et des exactions triples de ce qu'on avoit payé jusqu'alors ; en bouleversant les fortunes, organisant le brigandage, les banqueroutes, la fabrication d'une monnoie, plus fausse que les plus fausses, qui ont au moins quelques résidus ; en décrétant l'irréligion, l'immoralité, la mauvaise foi, les délations, etc. etc.; toutes se sont prêtées à la création de titres, de dignités, de places à charge au peuple, mais qui servoient de récompense à ceux d'entre eux qui secondoient le mieux la tyrannie; toutes ont anéanti la liberté des citoyens, ont resserré leur esclavage en les abandonnant à un gouvernement purement militaire; toutes enfin se sont piquées de faire des lois, comme les moulins font de la farine, et ils en ont tant fait, que, si on les suivoit toutes, il n'y a pas de citoyen qui ne pût être attaqué à chaque instant dans son honneur, sa vie, sa liberté ou sa fortune. Voilà les fruits de la révolution; je ne me flatte pas de les avoir tous indiqués : il en est même que l'on sera toujours forcé de cacher; mais c'en est assez, j'espère, pour prouver que ceux qui ont créé tant de maux, que ces esprits de ténèbres, n'ont pu produire le moindre bien. Le très-petit nombre de partisans aveugles et endurcis qui restent à la révolution vous diront que c'est le vœu du peuple qui lui a donné de tels représentans; le simple bon sens dit que c'est l'intrigue. Mais, lors même que son vœu seroit de se faire saucer dans la fange, de se faire piller, déchirer, assassiner, est-ce là un vœu qu'on doive lui laisser remplir? lors même qu'il aimeroit encore ces fruits qu'il a payés si cher et qui lui sont si funestes, est-ce une raison pour lui en permettre encore l'usage ? et que deviendroit-il si une autorité protectrice ne venoit le diriger dans ses choix, et détruire les abus qui lui en ont fait faire de si abominables ?

Je ne dois pas oublier ce qui, dans cet infernal Mémoire, a trait aux princes de la famille royale. Loin de redresser, comme il devoit le faire, l'opinion que les agitateurs s'efforcent en vain d'établir à l'égard de ces augustes princes, le prétendu Ministre la partage, l'excuse et la rejette sur la prévoyance naturelle du peuple, qui le porte à s'inquiéter sur l'avenir. Ne pouvant effleurer, dans l'esprit du peuple, les vertus et les lumières du Roi, ces scélérats essayent de jeter des défiances sur ses successeurs qui se montrent si dignes de marcher sur ses traces. C'est un des caractères de la révolution, d'avoir toujours voulu sacrifier le présent à l'avenir : la génération actuelle, infectée du plus honteux égoïsme, n'en a pas moins toujours parlé de se sacrifier pour les générations futures.

L'égoïsme est un vice si dégoûtant qu'il a besoin d'un masque ; celui qui y est enclin, outre, en paroles, les vertus auxquelles il a renoncé, ou qu'il n'a jamais connues. Mais, jouir d'un bien dont nos successeurs ressentiront les effets, qui leur sera d'autant plus facile à conserver que nous l'aurons laissé s'asseoir sur des bases justes et raisonnables, n'est point de l'égoïsme : aussi, rien n'est plus naturel au peuple, et l'on ne sauroit lui en faire un reproche, que de jouir du présent sans trop s'inquiéter sur l'avenir ; et s'il y pense aujourd'hui, ce n'est que pour en espérer un meilleur, que nos maux sont bien faits pour nous faire désirer. Au surplus, l'opinion unanime, et j'ose dire, celle des anarchistes même, est que nos princes réunissent toutes les vertus chevaleresques, toutes les vertus des chevaliers françois ; et certes, ce ne sont point ces vertus qui font les oppresseurs.

Ce Rapport n'est d'un bout à l'autre qu'un plaidoyer révoltant en faveur de la licence publique, de l'ambition des Ministres, de la trahison des chefs, de l'indiscipline de l'armée, de l'irréligion, de l'injustice et de l'impunité. Ce sont là les concussions, les droits qu'il réclame ! Au moins devroit-il dire jusqu'à quand il faudra croire à l'aveuglement de ceux qui professent de pareils principes ; jusqu'à quand il faudra attribuer à erreur leur persévérance dans le crime ? quelle époque ils fixent pour que ces erreurs, sources si fécondes de tant de crimes, soient enfin réprimées et punies comme des crimes ? Ils devroient dire, s'ils connoissent quelqu'autre moyen pour éviter les réactions et les vindictes particulières, que de rendre à la justice son action suspendue depuis si long-temps. Il y a de quoi frémir, lorsqu'on entend un ancien Ministre de Buonaparte parler de *bases éminemment constitutionnelles, d'idées éminemment libérales*. Comme il ne s'explique point sur le sens de ces mots, on est fondé à craindre que tout cela ne soit éminemment révolutionnaire.

Les Royalistes devroient des remercîmens à l'auteur de ce Rapport pour la manière dont il compose leur parti. Il le forme de la noblesse et du clergé, de tout ce qui tenoit aux parlemens et au barreau, du haut commerce, des riches propriétaires, de ceux qui avoient de la fortune alors, et de ceux qui n'ont rien gagné à la révolution. Je ne suis pas bien sûr qu'il y comprenne cette dernière classe excessivement nombreuse, mais qu'il le veuille ou non, il est évident qu'il faut l'y comprendre. Il avoue que l'on trouve dans ce parti des talens, de grandes lumières, qui, à la vérité, sont restées au même point, des mœurs, de l'honnêteté, des hommes, enfin, qui sont aujourd'hui ce qu'ils étoient en 1789. Qu'ils se soient maintenus dans cet état, ou que le plus grand nombre y soit revenu, c'est certainement ce qu'il y a de plus heureux. Mais cet auteur, en ayant l'air de décocher une épigramme contre les royalistes, s'en permet une bien cruelle contre ceux du parti contraire qui sont encore ce qu'ils étoient en 1789, et même en 1792. Ce trait perfide ne sauroit atteindre les hommes, qui, après avoir partagé dans l'effervescence de la jeunesse les illusions par lesquelles presque toute la nation s'étoit laissé séduire, sont revenus à la raison et ont réparé de vieilles erreurs par de nombreux services, par des services que la patrie n'oubliera jamais. Ces hommes-là pourroient encore se tromper ; on pourroit les en faire apercevoir, mais jamais on ne songera à suspecter leur caractère.

Je reprends la suite du Rapport, et j'en viens aux moyens qu'il présente comme propres à éviter les dangers dont nous sommes menacés ; ainsi que l'auteur, je passerai rapidement sur la plupart de ces moyens dont un seul, que je garderai pour la fin, me paroît susceptible de sérieuses observations.

Relativement au licenciement et à la recomposition de l'armée, on avoit déjà fait quelques dispositions qui paroissent valoir au moins celles indiquées par le Rapport.

On conseille de rétablir le calme dans les départemens de l'Ouest, et pour cela, de se servir de quelques-uns des chefs vendéens qui ont le plus d'influence dans le pays, auxquels on donneroit quelques places pour récompense de leurs services. Ce moyen est bon, mais le rendre public, n'est-ce pas s'exposer à le rendre infructueux. Il convient, sans doute, de rétablir le calme, là comme ailleurs, et de récompenser partout ceux qui y réussiront. Mais que l'on donne les places comme récompense des services, du mérite et même autrement, il semble que les Vendéens, que tous les départemens qui se sont unis à eux, et que tous les royalistes quels qu'ils soient, y ont autant de droits que le reste de la France. Si l'on entend faire autrement, c'est alors qu'il y auroit deux peuples en France, et ce ne seroit pas à ceux qui opéreroient cette désunion qu'il conviendroit de s'en plaindre.

On souhaite que la Noblesse et le Clergé ne fassent pas des corps séparés, qu'on ne leur rende pas trop d'influence et que les principes religieux continuent à s'allier avec la tolérance. Pour ce qui est de la Noblesse, cela tient à l'honneur, et il n'en faut pas parler plus que ne fait l'auteur du Mémoire. Quant au Clergé, si, lorsqu'il est sans biens, lorsque la presque totalité de ses membres a à peine de quoi subsister; si, lorsque les sujets nécessaires manquent pour l'instruction et le service des campagnes; si, lorsqu'il peut à peine se soutenir, on craint qu'il n'ait trop d'influence, on dit, en d'autres termes, qu'il ne faut point de clergé. Cependant, les lois humaines, même avec les préjugés salutaires qui leur servent de supplément, ne suffisent point pour faire l'honnête homme : la religion seule a cet avantage ; si son empire est malheureusement trop méconnu, comme celui des lois et des préjugés, elle est au moins un frein pour ceux qui la suivent et qui en remplissent les devoirs. En criant à la tolérance, ne faut-il pas tolérer la première, la plus auguste, la plus complète de toutes les lois? Cela ne peut pas être la matière d'un doute, et puisqu'il faut bien qu'on la tolère, ne faut-il pas aussi qu'on tolère ses ministres et qu'on leur fournisse les moyens de subsister? Les principes religieux s'accordent très-bien avec la tolérance : ils apprennent même à souffrir l'intolérance; mais la tolérance des faux philosophes ne s'accorde pas si bien avec les principes religieux. Cette tolérance, si intolérante, ne peut souffrir aucune religion quelle qu'elle soit. Toute la philosophie d'aujourd'hui, le *nec plus ultrà* des idées libérales, c'est le fanatisme de l'irréligion.

Un autre moyen conseillé pour échapper au danger imminent qui nous menace, c'est d'établir un bon système d'éducation. Nous en avons en effet grand besoin : ce remède est même bon à prendre dès ce moment; mais comme il n'opérera guère que dans vingt ans, on pouvoit n'en pas parler pour la maladie dont il s'agit.

Je finis par le moyen principal, par celui qu'on regarde comme devant produire le plus d'effet, s'il est bien administré; car, quoiqu'il s'agisse encore d'une constitution et d'une représentation, on ne se dissimule pas que ces spécifiques même peuvent être dangereux. Nous commençions à nous en douter, et l'on a vu par ce que j'ai dit au sujet des représentations et des abus qui nous en avoient procuré de si mauvaises, que nous devons espérer enfin d'en avoir une bonne. Quant aux constitutions, après tant d'essais aussi malheureux les uns que les autres, nous en avons une que nous devons à la sagesse et aux lumières du Roi, et à laquelle tous les François se sont ralliés. Le Rapport ne prétend pas positivement qu'il faille encore en essayer une nouvelle; il fait seulement entrevoir les dangers qu'il y auroit si une constitution n'étoit pas en harmonie avec le gouvernement constitutionnel représentatif. Il y a, suivant l'auteur, deux *systèmes* de gouvernement constitutionnel représentatif. L'un, où le Roi ne fait pas toutes les concessions qu'on lui demande, et où par conséquent les droits du peuple sont restreints : ce qui excite la méfiance du peuple toujours jaloux de ses droits; ce qui l'engage à les défendre avec opiniâtreté, comme il feroit d'une citadelle; ce qui le rend exigeant, affoiblit l'amour, suscite les dangers, prépare les révolutions et n'affermit point les dynasties. L'autre est celui où le Roi s'entoure d'un ministère composé de membres homogènes et responsables, qui forment une enceinte inviolable autour du Souverain, etc. etc. Le reste veut dire à peu près que le Roi est là, au milieu, comme dans une niche, à l'abri des clameurs de son peuple, sans se mêler de rien, sans responsabilité comme sans inquiétude, enfin sans entendre jamais autre chose que des bénédictions. Il n'est pas besoin de dire lequel de ces deux gouvernemens est préférable pour le peuple et pour les Ministres qui, comme on voit, pourvu qu'ils gouvernent, ne craignent plus tant la responsabilité. En effet, dans les gouvernemens constitutionnels représentatifs de ce genre, elle n'effraie et ne frappe que les simples ou les maladroits.

On pourroit être surpris que l'auteur du Rapport, après le malheureux essai de tant de systèmes de gouvernement, proposât encore un système, au lieu d'un plan fixe, appuyé sur de solides raisonnemens ou sur une *heureuse* expérience. On pourra l'être aussi, qu'en parlant de deux systèmes, il ne développe pas davantage leurs rapports et leurs dissemblances. On sent cependant très-bien, après les nombreux dangers dont il environne le système dans lequel le peuple n'obtient pas tout ce qu'il demande, que tout doit aller au mieux dans l'autre système, c'est-à-dire, dans celui où il donne à entendre que le Roi accorde tout ce qu'on lui demande. Mais on sent également que, dans le premier système, où le Roi n'accorderoit que ce qu'il croiroit raisonnable, et par conséquent avantageux au peuple, rien n'empêcheroit qu'il ne se composât, comme dans l'autre, un ministère homogène, et que ce ministère auroit même l'avantage de n'être pas réduit à tromper le peuple, ni à éluder des concessions déraisonnables auxquelles on se seroit sagement refusé. Il est tout aussi sensible que, dans le système préféré où le Roi feroit toutes les concessions qu'on voudroit, il pourroit s'entourer d'un ministère hétérogène; mais que, quel que fût ce ministère, il faudroit nécessairement et continuellement abuser le peuple, comme cela se pratique dans notre voisinage, et le faire jouir des concessions injustes avec lesquelles on l'auroit leurré, comme Buonaparte l'a fait jouir de la liberté, de l'indépendance et des principes libéraux; qu'il faudroit continuer à favoriser, comme il le faisoit, le progrès des lumières et de la civilisation, le respect pour la religion, pour les mœurs, pour les propriétés, la prospérité du commerce, etc. etc. Quant au but de ce gouvernement tout ministériel, il est évidemment tel que je l'ai dit à la fin du paragraphe précédent, et il est assez dégoûtant pour que je me dispense d'en reparler.

Si, après avoir imité de nos voisins ce que nous avons cru voir de bon chez eux, nous étions forcés d'imiter aussi ce qu'ils ont de mauvais; si un tel gouvernement, en cimentant sous le nom d'opposition la discorde et la désunion entre les François, devoit au moins leur donner un esprit public; si, au lieu de les rendre sages, il ne devoit pas ajouter à leur folie; si, au lieu de donner les moyens d'écraser le peuple sous une dette énorme, sous des impôts qui effrayent l'imagination, ce gouvernement procuroit les moyens de le soulager (1); si, au lieu d'un simulacre de liberté, il assuroit au peuple une liberté réelle, juste et raisonnable; si la nullité d'un Roi n'étoit pas le plus grand malheur pour son peuple; si l'histoire ne comptoit pas plus d'oppresseurs parmi les ministres qui usurpent l'autorité royale qu'elle n'en compte parmi les Rois; si, enfin, un tel gouvernement pouvoit rendre heureux des François, il n'est pas permis de douter que le Roi ne s'empressât de l'adopter.

---

(1) Il est sensible que tous ces rapprochemens ont trait à l'Angleterre.

Mais ne croit-on pas l'entendre répondre à l'auteur de cet insidieux système, et lui dire: « C'est assez avoir trompé mon peuple : il est » temps que quelqu'un l'éclaire, le rappelle à » la raison, et personne ne peut me contester » ce droit. Je ne souffrirai plus qu'il se livre ni » à un tyran féroce, qui n'a de droit que la » force, ni aux tyrans subalternes, plus mé- » prisables encore, qui se réunissent pour l'op- » primer par l'intrigue et par la perfidie. Qu'on » ne me parle ni d'un lâche repos, ni d'une » criminelle insouciance lorsque mon peuple » souffre : les ans n'agissent ni sur l'honneur » d'un Roi de France, ni sur le cœur d'un » père. Je veux un autre amour, je veux » d'autres respects que ceux qui inspireroient » une méprisante pitié. Roi des François, je » suis François moi-même. Mieux que per- » sonne, je connois le cœur et l'esprit de mon » peuple; je vois ses maux; en attendant que je » les guérisse, je veux les partager : le déshon- » neur de son Roi, en rejaillissant sur lui, ne » feroit que les aggraver. Déjà j'avois été assez » heureux pour y apporter remède, mais » toutes ses plaies se sont rouvertes : je vois, » j'endure ses souffrances; elles m'affligent sans » me décourager; je parviendrai à les calmer. » Quelque profondes que soient ses blessures, » j'espère réussir encore à les cicatriser; mais

» ce sera sans manquer à l'honneur ; ou, si » l'heure suprême doit sonner pour mon peu- » ple, elle sonnera en même temps pour moi ». — Quel est le François qui doute que le Roi répondît autrement à celui qui seroit assez audacieux pour lui présenter un pareil Rapport ?

Après avoir relevé les coupables erreurs qu'il renferme ; après avoir fait parler le mieux que j'ai pu la raison et la conscience ; après avoir personnifié en notre Roi la bonté, la clémence, la sagesse, le vrai courage, l'inébranlable constance, en un mot, l'honneur françois, je finirai sur un ton moins austère, mais en m'efforçant de dire toujours quelque chose d'utile. Il faut bien parler un peu pour ceux qui ont le bon esprit de s'occuper moins des profondeurs de la politique, que de la gravité de nos maux. Je veux même adresser quelques consolations, rendre quelque espérance à cette classe nombreuse qui ne s'agite et ne s'inquiète que parce qu'elle voit qu'on s'agite et qu'on s'inquiète au-dessus d'elle. Nous avons tous également besoin qu'on verse un peu de baume dans notre sang. Je vais l'essayer, en désirant que d'autres m'imitent, et fassent mieux que moi. Dans mon opinion, c'est un grand ridicule que de se mêler de parler de médecine, quand on ne sait ni *a* ni *b* de cette science : cependant, dans les maladies qu'on tient pour désespérées, du genre de celle qui nous travaille, qui ont mis à bout toute la science des médecins, et même celle de la médecine ; dans ces maladies, on finit par écouter les empiriques, les charlatans ; on va même jusqu'à employer leurs spécifiques, leurs baumes et leurs emplâtres ; on ne dédaigne pas d'essayer les secrets et les recettes de famille, d'autant plus miraculeuses qu'elles sont plus baroques : je ne vois donc pas pourquoi je ne présenterois pas aussi la mienne. Si l'on en rit, tant mieux : l'un des préceptes les mieux connus de la médecine, c'est qu'il faut commencer par égayer son malade ; et heureusement le nôtre y a d'assez bonnes dispositions. Au surplus, qu'on n'ait pas la moindre peur : je garantis, comme de raison, l'efficacité et l'infaillibilité de mon remède ; et de plus, je le donne pour le plus benin qui puisse se proposer. D'abord, nous n'avons pas besoin de lumières : les nôtres sont déjà beaucoup trop grandes ; elles nous éblouissent, et répandent une telle chaleur dans notre atmosphère, que c'est à en étouffer. Nous nous passerons aussi d'esprit ; ce n'est pas sur lui que mon remède agit directement. Le nôtre est trop élevé ; il se perd dans des régions trop éloignées de nous pour qu'il puisse nous servir en cette occasion. Ce n'est pas non plus sur la raison, et c'est fort heureux ;

car depuis que nous l'avons divinisée, nous nous en sommes tenus à une distance si respectueuse, qu'elle s'en est allée sans que nous nous en soyons aperçus. Nous nous sommes avisés de lui élever des temples, de lui consacrer un culte; nous en avons fait une religion : alors elle a senti qu'elle n'avoit rien de mieux à faire que de déguerpir au plus vite. Enfin, ce n'est pas sur l'honneur que mon remède peut opérer: celui-là ne nous auroit tout-à-fait abandonnés qu'à regret; mais froissé, indignement déguisé, continuellement outragé, il s'est réfugié chez cette portion intéressante de nous-mêmes, qui, loin de participer à nos folies et à nos fureurs, nous a aidés à en supporter les douloureuses suites; qui, en adoucissant ce qui nous reste de notre barbare origine, adoucit aussi nos peines; qui, en combattant nos vices avec les armes de la douceur, nous porte à tout ce qu'il y a de grand, de noble et de généreux; qui nous rendra enfin tôt ou tard, dans toute leur pureté, les précieux dépôts dont elle s'est chargée. En attendant, il faut pourtant opérer sur quelque chose, et ce ne sera pas encore sur le bon sens; car il a suivi de près la raison. Ce sera donc seulement sur le sens commun que ma recette devra agir. Cette faculté, la moins délicate de celles dont le Créateur a pourvu notre intelligence, qu'il a donnée à tous avec une libéralité à peu près égale, qui se rapproche de l'instinct qui, chez tant de nos semblables, supplée à l'âme, et est beaucoup plus grossière et plus robuste qu'elle; cette faculté n'est qu'engourdie en France : il ne s'agit que de lui rendre son action. Tâchons donc de réveiller ce gros sens commun, et nous l'entendrons nous crier :

Qu'un malade qui a quelques millions de médecins à ses trousses, peut échapper à sa maladie, quelque dangereuse qu'elle soit; mais qu'il est impossible qu'il ne succombe pas sous une armée aussi redoutable de médecins; que son état est au plus bas, ainsi que celui de tous ces charlatans qui l'obsèdent, et qui feroient bien mieux d'aller soigner leurs propres affaires; que le premier, le plus indispensable besoin de ce pauvre malheureux est le repos; qu'il ne demande qu'à respirer; que si tous ces Purgons, tous ces Diaphoirus, qui ne s'aperçoivent pas de leur propre délire, ne s'empressent bien vite de retourner à leurs boutiques, ils sont infailliblement perdus, tout aussi bien que le malade; que puisqu'on a le bonheur d'avoir le plus célèbre, le plus habile des médecins, qui a déjà tiré le malade d'une maladie qu'on regardoit comme incurable; que puisque, dans celle-ci, il se fait aider par des docteurs dont il est bien à même de juger la science;

puisque, de plus, il va faire une grande consultation où l'on n'a appelé que de véritables médecins, il n'y a pas la moindre inquiétude à avoir; que si ces médecins, qu'on attend, venoient par malheur à se chamailler, comme ils font toujours, il faudroit les laisser faire, sans s'en mêler, et s'en rapporter au Dieu de la médecine et à ses Ministres, qui les accorderont bien, qui en savent encore plus qu'eux; qu'ils aiment ce pauvre malade, et qu'ils le sauveroient, quand il seroit encore plus mal; que les pères de ce pauvre diable firent aussi, dans l'ancien temps, de bien grosses maladies, et que Charles V, Charles VII et Henri IV les tirèrent d'affaires; que Louis XVIII vaut Henri IV, qu'il les vaut tous; qu'il n'y a donc pas la moindre chose à craindre, à moins que cette nuée de factotons ne veuille tuer le malade par plaisir; ce dont on saura bien les empêcher, ne fût-ce qu'en ne les écoutant pas. En un mot, ce gros sens commun corne aux oreilles de l'être le plus borné, que lorsqu'une grande famille a le bonheur d'avoir un bon Chef, qui est bien secondé; que lorsque tous les membres de cette famille se tiennent à leur place, se mêlent de leurs affaires, aiment leur Chef, et s'aiment entre eux, il n'y a plus ni divisions, ni querelles à craindre; que tout marche comme il faut; que tous sont heureux, autant qu'il est possible de l'être, et que s'il se trouve encore par-ci par-là quelques brouillons, quelques têtes sans cervelles, quelques mauvais sujets, on ne s'en aperçoit seulement pas.

Je venois de finir ce contre-rapport, lorsque j'ai eu la certitude que le Rapport auquel j'ai répondu est en effet apocryphe. Le duc d'Otrante, sous le nom de qui on avoit osé le répandre, l'a fait désavouer dans les journaux le 10 septembre. Si le public ne se composoit que de gens sensés, ce désaveu auroit été parfaitement inutile.

DE L'IMPRIMERIE DE CRAPELET,
rue de Vaugirard, n° 9, près l'Odéon.

www.ingramcontent.com/pod-product-compliance
Ingram Content Group UK Ltd.
Pitfield, Milton Keynes, MK11 3LW, UK
UKHW022136260726
13993UKWH00003B/1470